LETTRE

SUR

LES DRAMES-OPÉRA.

Par le Bailly du Roullet

A AMSTERDAM,

Et se trouve **A PARIS,**

Chez ESPRIT, Libraire, au Palais Royal.

1776.

Bibliothèque Roya

LETTRE

SUR

LES DRAMES-OPERA.

VOUS dites, Monſieur, que pour vous diſtraire de vos graves occupations, vous voulez vous amuſer à compoſer les paroles d'un Opera? Je ne puis qu'approuver ce projet, parce que j'eſpère beaucoup de vos talens; mais connoiſſez-vous toute la difficulté de cette entrepriſe.

Je n'imagine pas que vous ſoyez peu jaloux de faire un bon ouvrage, & certainement de tous les Ouvrages dramatiques le plus difficile à compoſer c'eſt un bon Opera.

Vous connoiſſez, vous avez examiné ſans doute ceux de ces Drames qu'on nous a donnés jufqu'ici pour modèles ; vous les avez vu repréfenter : en avez - vous été contens? Ne vous ont - ils pas laiffé beaucoup à defirer ? N'y avez-vous pas trouvé la vraifemblance perpétuellement bleffée? L'action ne vous en a-t-elle pas paru communément divifée? L'intérêt, prefque toujours foible & partagé, les caractères peu prononcés , les paffions mal exprimées, fans chaleur & fans mouvement , &c. &c. Vous croyez peut-être, Monfieur, que les Poëtes, gênés par la néceffité de fervir leurs Muficiens , ont apperçu ces défauts , mais qu'ils n'ont pu les éviter ; c'eft du moins l'excufe dont ils fe fervent, & votre indulgence naturelle vous porte fans doute à les en croire fur leur parole , & à rejetter fur la défectuofité du genre ce qui n'eft certainement que l'effet de l'impuiffance réelle de nos Poëtes lyriques. Il eft aifé , Monfieur , de prouver que la Mufique, pour fe développer, exige précifément toutes les perfections oppofées aux défauts dans lefquels ils font tombés , &

que bien loin d'avoir travaillé pour l'avantage de la Mufique dramatique, nos Poëtes, au contraire, ont fait jufqu'ici tout ce qu'il falloit pour retarder, pour empêcher, pour étouffer même le progrès de cet Art. C'eft une vérité dont je me flatte que vous ne douterez pas, quand vous aurez donné quelqu'attention aux obfervations que j'ai faites fur le Drame-Opera : vous defirez les voir, & je me fais un plaifir de vous fatisfaire. Je connois, Mr, l'importance de vos occupations, & le prix du tems que vous y employez pour ne vous en dérober que le moins poffible. Je diviferai cette Lettre par articles ; & ce fera en examinant chaque partie du Drame lyrique, que je développerai mes idées. Je fçais que cet ordre didactique eft néceffairement fec & froid, & qu'il ne prête point aux agrémens du ftyle ; mais je ne me fuis propofé dans cette Lettre que d'expofer mes idées avec clarté & précifion.

Les Italiens, dont les oreilles font fenfibles & exercées, ont obfervé que la Mufique dramatique ne pouvoit être divifée qu'en trois genres ou trois ftyles diftincts & féparés, & en conféquence ils n'admettent que trois genres de Poëmes lyriques, le tragique, le paftoral ou galant, & le bouffon. Je crois qu'on ne fauroit mieux faire que d'adopter cette divifion donnée par la nature même de la Mufique dramatique. Je vais vous entretenir dans cette première Lettre, Monfieur, du genre tragique; c'eft, fans contredit, le premier, & véritablement le feul où le Poëte & le Muficien peuvent fans contrainte développer toute la magie de leur Art.

Du Poëme Opera-Tragédie.

Je me fuis toujours étonné que nos Poëtes lyriques, ayant fous les yeux les tragiques Grecs, & particulièrement Euripide, n'ayent pas fenti que ces fublimes modèles étoient les feuls qu'ils devoient s'efforcer de fuivre. L'opinion du moins partagée que la Tragédie ancienne étoit chantée, l'étendue reſſerrée de ces Poëmes, les chœurs qui en font partie, l'emploi des métres différens qui appuyent cette opinion, tout enfin avertiſſoit nos Poëtes que les Grecs leur avoient tracé la véritable route, & qu'ils ne devoient pas s'en écarter. Cependant Quinault, en traitant le même ſujet qu'Euripide, n'a fait entrer dans ſon Alceſte aucune des beautés que cet admirable génie a prodiguées dans le ſien, & La Foſſe qui a imité avec ſuccès deux ſcènes du Grec dans ſon Opera d'Iphigénie en Tauride, a trouvé l'art de gâter ce beau ſujet, en s'écartant de cette heureuſe ſimplicité ſi recherchée des Anciens tragiques, & ſi néceſſaire dans la compoſition d'un Opera-Tragédie.

Du choix du ſujet.

Il me ſemble que les Poëtes lyriques n'ont pas aſſez ſenti l'avantage du choix des ſujets propres à fournir à la Muſique

toute la perfection à laquelle elle pouvoit at-
teindre. Trop occupés de leur fuccès per-
fonnel, ils paroiffent avoir prefque toujours
oublié que c'eft de l'accord complet de la
Mufique & de la Poëfie que dépend un bon
Opera; que la Mufique étant particulièrement propre à rendre & à exciter les grands
mouvemens, il était néceffaire pour lui faire
produire tout ce qu'elle peut, que le fujet
du Drame-Opera fut grand, qu'il produi-
sît une action rapide, des fituations tou-
chantes, un intérêt foutenu, vif, preffant,
& s'élevant par gradation ; qu'il falloit pré-
férer les fujets connus aux fujets d'invention, parce que l'expofition en étoit plus
facile, & en pouvoit être plus aifément ré-
fervée, parce qu'enfin le Spéctateur étoit
plus aifé à émouvoir, à intéreffer pour des
perfonnages dont l'hiftoire & les caractères
lui étoient déjà connus.

De l'Expofition.

L'expofition du fujet eft une des parties de la compofition du Poëme lyrique les plus difficiles à traiter , & qui demande peut-être le plus d'attention & d'art. Vous avez fans doute remarqué , Monfieur, que quelques efforts que nos Poëtes fe foient efforcés de faire , ils n'ont prefque jamais pu dérober leurs Spectateurs à l'ennui que leur caufoit les fcènes d'expofition. N'en trouveroit-on pas la raifon dans l'ufage prefque conftant où ils font de faire leur expofition en récit. Toute expofition en ce genre ne peut fe foutenir que par les détails, c'eft-à-dire , par l'emploi que le Poëte peut faire de fon efprit. L'art manquant au Muficien pour rendre & exprimer ce que l'efprit feul lui préfente, l'union néceffaire de la Mufique & de la Poëfie ne peut plus fe faire fentir alors , & dès que dans un Opera ces deux Arts ne concourent pas également au plaifir du

Spectateur , l'ennui s'en empare. Il faut
donc, pour éviter cet effet, le plus fâcheux
de tous, que l'exposition foit en action ;
qu'elle préfente une fituation ou un tableau:
alors le Muficien , ayant à exprimer ou à
peindre , l'accord des deux Arts fera complet, & le Spectateur fera pleinement fa-
tisfait. C'eft au Poëte feul qu'il appartient
d'imaginer & de diftribuer les fituations &
les tableaux ; mais dans la diftribution qu'il
en fait, il eft bien effentiel qu'il foit attentif
à ménager les reffources du Muficien, en
obfervant des gradations intelligentes , fans
lefquelles il feroit à craindre que la Mufique
ne fe nuifit à elle-même, & que fes premiers
effets ne rendiffent impuiffans ceux qu'elle
s'efforceroit de faire par la fuite. C'eft une
confidération effentielle que le Poëte ne doit
pas perdre de vue , en mettant fon expofition en action.

De l'Action.

L'unité de l'action est une loi néceffaire, une règle indifpenfable à fuivre dans la compofition de tout Poëme dramatique. Dans le Poëme lyrique il me paroît qu'il eft encore effentiel que le fujet foit fimple & l'action rapide, ce Poëme étant néceffaire-ment refferré dans des bornes étroites. Si le fujet étoit compliqué, les fcènes d'expofi-tion & de préparation que fon développe-ment exigeroit, ne laifferoient pas de place au Poëte pour le jeu des paffions & des fen-timens, & le Muficien n'ayant rien à ex-primer, ne pourroit faire entendre & pro-duire que de vains fons. Si l'action n'étoit pas rapide elle deviendroit traînante, & la mufique paroîtroit monotone. La fimplicité du fujet, l'unité & la rapidité de l'action font donc effentielles à obferver dans la compo-fition du Drame-Opera.

Des Situations.

La terreur & la pitié, ces deux grands ref-
forts de l'intérêt tragique, font ceux que
le Poëte doit particulièrement s'appliquer à
faire agir dans la Tragédie lyrique, parce
que le propre de la Mufique dramatique eft
d'ajouter infiniment à leurs effets. Il eft même impoffible de calculer jufqu'où l'Art mufical peut les étendre ; & ce qu'on nous a
tranfmis des mouvemens extrêmes que pro-
duifoit chez les Athéniens la repréfentation
de quelques-unes de leurs Tragédies, me paroît une raifon décifive en faveur de ceux
qui penfent que la Mufique étoit jointe à la
Poëfie dans la Tragédie ancienne. La Tragédie-Opera ayant par fon effence les mêmes moyens que la Tragédie Grecque, je
crois que le Poëte lyrique ne peut pas trop
s'appliquer à amener, à produire des fituations
variées qui changent l'état des perfonnages,
qui leur faffent naître de nouveaux fentimens

& de nouvelles paſſions , & ſur - tout qui
ſoient propres à inſpirer la terreur & la
pitié.

Du Nœud & du Dénouement.

Le Poëme lyrique ayant pour objet une
action dramatique , eſt aſſujetti aux règles
fixes & invariables, d'après leſquelles toute
action dramatique doit être dirigée ; ainſi il
ſeroit inutile de parler ici du nœud de l'intrigue, & je renverrai ſur ce point à ce qu'en
ont dit les Légiſlateurs du Théâtre. Il n'en
eſt pas tout-à-fait de même du dénouement ;
la nature du Poëme lyrique non-ſeulement
permet quelquefois de s'écarter des règles
preſcrites à cet égard, mais même le demande
& l'exige aſſez ſouvent.

Il eſt rare, il eſt difficile, il eſt même ſouvent dangereux dans la Tragédie lyrique
d'amener un dénouement naturel & produit
immédiatement par l'action. Ces ſortes de
dénouemens , qui ſont le complement de

la Tragédie ordinaire, exigent prefque toujours des fcènes de préparation , & ce que
nous avons dit , en parlant de l'expofition,
prouve fuffifamment , je crois, combien il
eft important de les éviter autant qu'il eft
poffible. Il eft d'ailleurs effentiel dans l'O-
pera-Tragédie que le dénouement foit heureux. A la repréfentation d'un bon Opera ,
l'ame étant extrêmement affectée & ébran-
lée par l'union des paroles & de la Mufique , a befoin d'être raffermie & raffurée
par un dénouement heureux qui produife une
fête agréable qui la diftraie & la confole.

Les Grecs , & particulièrement Euripide,
ont fenti l'inconvénient d'un dénouement
funefte, & quand l'intérêt a été à fon dernier période, ils ont mieux aimé introduire les
Dieux pour dénouer heureufement l'action ,
que de renvoyer le Spectateur avec l'im-
preffion douloureufe qu'ils avoient eu l'art
de lui faire éprouver.

On eft donc quelquefois forcé , il eft
même fouvent néceffaire d'avoir recours

aux moyens furnaturels pou: dénouer l'intrigue & terminer l'action du Drame lyryque ; mais en imitant les Grecs à cet égard, il faut être plus attentif encore qu'ils ne l'ont été à conferver à ces fortes de dénouemens toute la vraifemblance dont ils font fufceptibles, & pour cela il faut qu'ils foient tirés immédiatement du fujet. Deux exemples que je vais citer, Monfieur, vous expliqueront ma penfée, & pourront, je crois, fervir de régle générale pour l'emploi du dénouement furnaturel.

Toute l'action du fujet d'Iphigénie en Aulide a pour bafe la colere de Diane. Les prières & la foumiffion des Grecs peuvent défarmer la Déeffe, & la clémence étant un attribut de la Divinité, il eft dans la nature du fujet que Diane révoque fes ordres rigoureux ; qu'elle vienne elle-même enlever Iphigénie de l'autel, où elle avoit ordonné qu'on la facrifiât, qu'elle la tranfporte en Tauride, &c. Ce dénouement furnaturel eft dans le fujet, & toute la vraifemblance néceffaire lui eft confervée.

Il n'en est pas de même du dénouement de l'Alceste d'Euripide.

Apollon est le protecteur de la maison d'Admete, & sa protection est insuffisante; il ne peut garantir Alceste du trépas, ni le rappeller à la vie; mais Alcide, simple Hôte d'Admete, qui passe à Fere par hasard, combat la mort & lui enlève sa proie. Cette action surnaturelle n'est certainement ni motivée, ni tirée du sujet, & le dénouement qu'elle produit est par conséquent très-défectueux, quoique fondé sur une tradition reçue chez les Athéniens.

Des Caractères.

Il est de la plus grande importance dans la Tragédie-Opera, de varier les caractères, & de les mettre en opposition.

J'ai cru remarquer que l'expression musicale étant plus prononcée que celle de la déclamation ordinaire, elle avoit besoin de contrastes plus marqués pour éviter de pa-

roître

roître monotone. Que la déclamation parlée
étant moins accentuée & plus rapide , ne
laiffoit aucune trace de fes fons , au lieu
que l'oreille, cet organe délicat , fenfible· &
pareffeux, retenoit toujours dans la déclamation chantée une partie du fon qui l'a-
voit précédemment frappé , fi celui qui fuc-
cédoit ne contraftoit pas fuffifamment pour
en effacer les traces. L'oppofition des caractères , ainfi que celle des fentimens qui
en eft une fuite néceffaire, ne peut donc être
trop recherchée par les Poëtes dans leurs
compofition lyriques ; mais il ne faut pas
qu'ils oublient que tous les caractères ne con-
viennent pas indiftinctement à la Tragédie
en mufique , qu'il lui faut des mouvemens
violens, des paffions fortes que la Mufique
puiffe exprimer , & que par conféquent les
caractères fententieux, vertueux , fans effort,
&c. doivent en être exclus.

B

De la Scène.

Sans la Scène proprement dite il n'y a point d'intérêt de poësie ni de musique dans un Opera : c'est la Scène qui appuie, si l'on peut se servir de cette expression, qui lie le sujet : c'est par elle que les caractères sont développés, que les passions mises en mouvement font leur effet sur l'ame du Spectateur. C'est la Scène qui met le Musicien à portée de montrer tout ce que la Musique peut ajouter par l'expression qui lui est propre, à tout ce que la Poësie peut produire : c'est la Scène seule, en un mot, qui produit la Musique dramatique.

Nos Modernes, & Quinault lui-même, n'ont pas assez senti l'avantage, nous disons la nécessité de la Scène, partie dans laquelle les Grecs ont excellé. Nos Poëtes presque entièrement occupés de donner lieu, même aux dépens de toute vraisemblance, à des effets de musique imitative, ont négligé la

Scène, de laquelle dépend toute la perfection d'un Poëme dramatique. La difficulté
d'amener & de compofer des Scènes foute-
nues & filées paroît avoir également rebuté
nos Poëtes & nos Muficiens, & il faut con-
venir que c'eſt dans la compofition des Scènes que confiſte la grande difficulté d'un
Opera-Tragédie, tant pour le Poëte que
pour le Muficien.

La précifion qu'exige le Drame-Opera, ne
permet pas au Poëte d'y étendre à volonté
le dialogue, qui doit y être néceſſairement
concis & preſſé, ni d'y obſerver les nuances
néceſſaires pour développer par degrés les
fentimens & les paſſions. Il faut, pour ainſi
dire, qu'ils y foient jettés ; tout l'art des tran-
fitions y confiſte dans l'élan de l'ame, y eſt
reſtraint au mouvement rapide & ſpontané,
mais naturel, des paſſions, enfin tout ce qui
eſt l'ouvrage & la production de l'eſprit doit
être impitoyablement rejetté de la Scène. Il
n'appartient qu'au cœur d'y parler ; c'eſt ſa
langue feule qui doit s'y faire entendre.

Que de difficultés, me direz-vous, Monfieur, ne faut-il donc pas vaincre pour compofer & produire la Scène lyrique?

Il eft, je crois, une règle infaillible, mais
difficile à fuivre pour fa compofition. La
fituation une fois amenée, fi vos perfonnages difent, mais ne difent exactement
que ce que néceffairement doit leur infpi-
rer leur caractère, la fituation où vous les
avez mis, & les paffions qui doivent les
agiter, votre fcène aura toute la perfection
dont elle eft fufceptible, & quelqu'étendue que vous lui donniez, elle ne paroîtra
avoir jamais que fa jufte mefure; mais il
feroit dangereux de fe diffimuler qu'un feul
Vers, qu'un feul mot même qui n'y feroit
pas néceffaire fuffiroit pour la faire paroître longue, & pour en détruire l'effet.

Du Style.

Le charme de la verfification de Quinault, le choix & la douceur de fes ex-

preſſions , leur molle élégance , ſa facilité
à tout peindre, la douce & tendre harmonie de ſon ſtile , tout dans ce Poëte enchan-
teur eſt fait pour plaire à l'oreille , & pour
la ſéduire ; mais je crois que c'eſt à tort
qu'on nous propoſe le ſtile de Quinault
pour modèle de celui qui doit être employé dans la tragédie lyrique. Je penſe
au contraire que toutes les perfections qui
diſtinguent & caractériſent ce Poëte, ten-
dent à amollir, & même à énerver l'expreſſion muſicale. Il lui faut, je crois, of-
frir un ſtile plus concis, plus nerveux, plus
rapide & ſur-tout plus varié, des expreſ-
ſions fortes propres à rendre des ſentimens
profonds & des paſſions violentes. Souvent
l'élégance & l'harmonie de la poëſie con-
trarient l'expreſſion muſicale, & quelquefois un Vers, dont la dureté choque l'oreille,
produit un grand effet avec le chant.

Le Poëte ne doit jamais perdre de vue
que la Poëſie & la Muſique identifiées dans
un Opéra, ne doivent faire qu'un ſeul &

unique ouvrage, & qu'il manque fon objet, s'il veut s'ifoler du Muficien. Pour é-
tablir un accord parfait entre la Poëfie &
la Mufique, il me femble qu'il feroit néceffaire qu'un Poëte lyrique pût & fçût
employer dans un Poëme d'Opera autant
de ftiles & de métres différens qu'il y auroit de caractères différens dans fon ouvrage, & qu'il eût l'attention de les varier
fuivant les fituations & les paffions des
perfonnages qu'il y auroit introduits. C'eft
ce que je vous ferai mieux comprendre,
Monfieur, en vous parlant du métre.

Du Métre.

Plus j'ai réfléchi fur les différentes mefures des Vers & l'emploi des quantités,
plus je me fuis convaincu de l'importance
de leur diftribution intelligente dans la
Poëfie deftinée à être mife en mufique. Je
vous ai fait remarquer, Monfieur, que c'é-
toit au Poëte qu'appartenoit la diftribu-

tion des différens récitatifs & des différens airs à une ou plusieurs voix. Il faut donc qu'il sache indiquer au Musicien par le genre & l'espèce de ses Vers ; l'usage que celui-ci doit faire de la Poësie, ce qui demande de la part du Poëte une grande connoissance des effets possibles, & encore une intelligence & une perception très-fine & très-délicate. J'ai cru remarquer que pour le récitatif parlé on devoit employer de préférence des Vers de mesure inégale, & dont les rimes fussent croisées ; afin d'éviter la monotonie que produiroit le repos des Vers à distances égales & le retour du son de la rime, qu'il falloit encore, autant qu'il étoit possible, éviter la redondance en distribuant avec l'intelligence nécessaire les syllabes breves & longues de manière à faire disparoître ce défaut presque inhérent à notre Poësie, & que la Musique rend plus sensible encore, parcequ'elle mesure les quantités avec plus de précision que la parole, & qu'elle a nécessairement un accent plus marqué.   B iv

Il faut de grands Vers pour le récitatif
chanté deftiné à rendre les penfées nobles
& les fentimens élevés. Plus les Vers feront
nombreux, plus vous y emploïerez de fyllabes longues, plus le récitatif aura de no-
bleffe & de majefté ; qualités qu'il exige.

J'ai déjà dit que chaque caractère, chaque fentiment, chaque paffion demandoit
un ftile & un métre différent; c'eft fur-
tout dans les paroles faites pour être mifes
en airs que ces différences doivent être
obfervées.

Les Vers de huit fyllabes font avantageux pour rendre un fentiment tendre &
un fentiment douloureux. Pour le premier
les fyllabes longues doivent être préférées,
leur emploi eft même néceffaire, elles pro-
curent au chant de la facilité; de la fenfi-
bilité, de la fluidité, qualités que demande
le chant deftiné à exprimer un fentiment
tendre. Si le fentiment eft douloureux, le
mélange bien entendu des breves & des
longues eft important. Il faut avoir l'atten-

tion de diftribuer les mots à-peu-près de mefures égales, de manière qu'ils puiffent être féparés par le chant. La colère étouffée exige une certaine réticence dans le ftyle, un ufage retenu, & pour ainfi dire fpontané des brèves. Les Vers de dix fyllabes font, je crois, ceux qu'il eft le plus avantageux d'employer alors.

Avez vous la colère d'Achille à rendre ? précipitez les mots, qu'ils fe fuccèdent avec la rapidité de l'éclair, qu'ils foient courts, que les fyllabes en foient bréves & fonores, & que les Vers foient fans repos. Ceux de cinq, de fix ou de fept fyllabes font ceux qu'il convient mieux d'employer dans ce cas, &c.

Je ne m'étendrai pas davantage fur cet article, fufceptible d'une infinité de détails; j'obferverai feulement que de l'emploi du métre, propre à chaque partie du Poëme lyrique, dépend le grand effet de l'expreffion muficale.

De la Coupe.

On appelle la coupe générale d'un Opera , la diftribution intelligente de toutes les parties qui le compofent , & qui font propres à produire des effets de mufique, d'expreffion & d'imitation , de fpectacle , de danfe , &c. &c. Le grand art de la coupe générale eft de faire que les effets multipliés fe fuccèdent, fe varient & fe contraftent fans fe nuire.

La coupe particulière des Scènes confifte dans l'art de diftribuer avec un fentiment mufical les différens récitatifs & les airs d'expreffion à une ou à plufieurs voix. Sans cet art , quelque parfaite que foit d'ailleurs une Scène d'Opera , elle manquera toujours fon effet.

Quinault & fes imitateurs n'ont point connu l'art de la coupe des Scènes ; on auroit tort de le leur reprocher. La Mufique d'expreffion , la feule Mufique dramatique n'étoit point connu en France avant l'arrivée de M.

le Chevalier Gluck. Je fuis cependant per-
fuadé que fi la poffibilité de cette Mufique
avoit été foupçonnée par nos Poëtes, la
coupe de leurs Scènes auroit néceffairement
conduit nos Muficiens, également habiles &
intelligens, à en faire la découverte.

Je voudrois pouvoir, Mr, tracer des règles
conftantes qui fixaffent ou facilitaffent du
moins la coupe des Scènes ; mais cela me
paroît impoffible. Chaque Scène particulière
demande une diftribution & un emploi par-
ticulier, des récitatifs différens & des airs
d'expreffion. L'intelligence du Poëte, fon
fentiment mufical dans cette variété infinie,
peuvent feuls lui fervir de règle & le diriger
dans l'ufage de la coupe des Scènes. Mais fi
le Poëte n'a point en lui cette intelligence
& ce fentiment néceffaires, il doit renoncer
au genre dramatique-lyrique, & être convaincu qu'il tenteroit en vain de faire un
bon Opera.

De l'emploi de la Musique à plusieurs voix.

Le Duo dialogué inventé par les Italiens, paroît le seul propre à la Scène, & qui doive y entrer. Dès que deux personnages sont unis par un sentiment vif & pressé, ou par des passions fortes, il y a matière à un Duo, soit que le sentiment qui anime les personnages soit le même, soit qu'il soit opposé. Il en est de même du Trio, qui fait un plus grand effet, à proportion de l'opposition plus marquée des caractères & des passions des personnages.

Ce que je dis du Duo & du Trio ne peut s'appliquer au Quatuor, & je ne pense pas qu'il doive être dialogué. Quelqu'art que puissent employer & le Musicien & le Poëte, les paroles dans le Quatuor dialogué & les sons qui les expriment sont nécessairement trop éloignés pour que l'oreille puisse les suivre sans un effort pénible & fatiguant. Le

Quatuor n'admet donc point les fentimens vifs & paffionnés, & ne doit être employé que lorfque les perfonnages, après être fortis d'une fituation forte, éprouvent un fentiment doux & commun à chacun d'eux. Ce que je viens de dire, en parlant du Quatuor s'applique naturellement aux Duo & Trio repofés, qui n'entrant point dans l'action, qui n'y tenant en rien, font employés quelquefois purement muficalement.

Des Chœurs.

Il me paroît inconcevable que les Modernes ayant pour modèles les Tragiques Grecs, qu'on voit faire tous leurs efforts pour intéreffer les Chœurs à l'action, & les y faire participer, que les Modernes, dis-je, les ayant introduits dans leur Poëme, & qu'ils les y ayent laiffé prefque toujours fans intérêt & fans mouvement. L'habitude feule peut fans doute faire tolérer ces perfonnages poftiches, qui plantés fur le Theâtre

comme des tuyaux d'orgue, ne font ame-
nés fur la Scène que pour rendre de vains
fons. Il eft une règle générale & commune
à tous les Drames, c'eft qu'on ne doit point
y introduire de perfonnages qui n'y foient
abfolument néceffaires & en action. L'Auteur d'Iphigénie en Aulide, Opera, a, ce me
femble, fenti le néceffité de fuivre cette
règle, & il a mis prefque tous fes Chœurs en
action. Il faut efpérer que l'intérêt qui en a
réfulté engagera nos Poëtes lyriques à fuivre
cet exemple.

Du changement du lieu & de la durée de l'Action.

Quand l'ufage n'auroit pas introduit à
l'Opera les changemens de lieu, je croirois
qu'on pourroit, qu'on devroit même fe les
permettre: il peut en réfulter des beautés
de plufieurs genres, & pour les yeux & pour
les oreilles; ils produifent une variété pi-
quante à l'œil du Spectateur, & mettent

souvent le Muficien à portée de changer de
modes & de ftyle. D'ailleurs la règle de l'u-
nité de lieu, peut être plus aveuglement reçue que bien approfondie, n'eft pas tellement ftricte qu'on ne puiffe s'en écarter fans
bleffer fa vraifemblance, mais je crois que
c'eft une faute capitale & impardonnable
d'employer ces changemens fans néceffité, &
uniquement pour faire paroître une déco-
ration nouvelle ; c'en eft une encore plus
repréhenfible, lorfqu'on fe fert de ce moyen
pour tranfporter les perfonnages à des dif-
tances trop éloignées du lieu de la Scène.
C'eft détruire la vraifemblance & bleffer la
règle facrée de l'unité de tems, plus néceffaire encore à obferver dans un Opera que
dans toute autre efpèce de Poëme dramatique, parce que l'action y étant plus
preffée, l'extenfion de fa durée en eft plus
fenfible, & choque davantage la vraifemblance. Le Poëte lyrique ne doit donc pas fe
permettre de donner trop d'étendue au tems
artificiel de fon action: il me femble, au

contraire , qu'il doit faire tous fes efforts pour la renfermer dans l'efpace de tems qui lui eft uniquement néceffaire.

Du Merveilleux.

Quinault, dans fes Drames lyriques, ayant employé le merveilleux avec profufion , fon exemple a fait autorité. On a établi pour maxime que le Théâtre de l'Opera étoit celui du merveilleux, que le merveilleux y étoit propre , qu'il y étoit même néceffaire, & cette opinion a tellement prévalue, que depuis l'invention de la Scène lyrique, à peine peut-on compter quatre Opera où le merveilleux n'ait pas été prodigué. Je ne prétends pas qu'il doive être entièrement banni de la Tragédie-Opera , mais je crois qu'il n'y doit être employé qu'avec beaucoup de précaution, & que, lorfque par la nature du fujet du Drame il eft effentiellement néceffaire, & par conféquent fuppofé vraifemblable. Le fujet d'Armide, par exemple, étant uniquement

ment

ment fondé fur le merveilleux , il me paroît qu'il a dans cet ouvrage toute la vraifemblance que l'on peut , & que l'on doit exiger.

Je n'en dirai pas autant du merveilleux que Quinault a employé dans fon Opera de Théfée. Je fçais que la tradition des Grecs autorifoit Quinault à fuppofer à Médée le pouvoir des enchantemens ; mais le fujet de Théfée & l'action de ce Poëme étant indépendant de l'exercice de la magie, pouvant fubfifter fans elle·, la magie n'y étant point néceffaire comme elle le feroit dans les fujets de la Toifon d'Or, de Jafon & Creüs, &c. je crois que Quinault n'étoit pas fuffifamment autorifé pour l'y faire entrer dans l'Opera de Théfée : l'ufage qu'il en a fait dans cet Opera me paroît même d'autant plus déplacé, qu'elle n'y produit aucun effet , & qu'au lieu de concourir à l'action elle la retarde & en détruit l'intérêt. Il me paroît , je vous l'avoue, Monfieur, tout-à-fait révoltant de voir déployer inutilement tout l'appareil du pouvoir magique pour effrayer la

C

jeune & courageufe Eglé , lorfque Médée avoit un moyen plus sûr & plus naturel de la faire trembler. Celui auquel elle eft forcé de recourir , la menace d'immoler Thefée , fi fon Amante ne confentoit pas à lui paroître infidèle. Voyez , je vous prie , Mr , la même fituation employée dans la Tragédie de Britannicus de Racine, & toute la différence de l'intérêt qu'elle produit. Daignez vous rendre compte de la raifon de cette différence,& vous trouverez , je crois, que le premier moyen employé par Quinault étant infuffifant; que ne produifant pas, que ne devant pas même produire l'effet que l'on fuppofe que Médée s'en propofoit, l'emploi de fa magie devient petit, & même puérile, & détruit l'intérêt qui devroit naître de la fituation où le Poëte a mis fes perfonnages.

Je ne me fuis permis cette critique que pour vous faire remarquer, Monfieur, que Quinault n'a pas toujours fait un ufage réfléchi du merveilleux, & qu'il eft des règles qu'il faut fuivre ftrictement quand on veut

l'employer dans un Poëme dramatique. La
première & celle dont il me paroît qu'on ne
doit jamais s'écarter, c'est de ne se permettre
de faire entrer dans son Drame que le merveilleux admis & consacré, pour ainsi dire,
par l'autorité des Anciens. Il est fondé chez
eux sur les dogmes de la Religion qu'ils pro-
fessoient, & les traditions qu'ils avoient re-
çues. L'action théâtrale nous transportant
par la force de son illusion dans ces tems re-
culés, & pour ainsi dire au milieu des personnages qu'on nous représente, nous fait
adopter sans peine leurs dogmes & leurs traditions. Mais si nous permettons à notre imagination d'y ajoûter ou de les changer, l'autorité ne soutenant plus l'illusion, elle se détruit & disparoît entièrement avec la vraisemblance nécessaire pour la produire.
Quinault, dans l'Opera d'Atis, a pu, a dû
même nous montrer Cibelle amoureuse &
trahie, inspirant à Atis un vertige furieux
qui le porte à tuer Sangaride, qu'il prend
pour un monstre. La fable lui sert d'autorité,

& cette autorité eſt ſuffiſante pour faire ad‑
mettre cette action , mais les ſonges perſon‑
nifiés qui inſtruiſent Atis de l'amour de Ci‑
belle , les Zéphirs aux ordres d'Atis qui en‑
lèvent Sangaride , n'ayant d'autre autorité
que Quinault lui‑même , me paroiſſent une
extenſion du merveilleux tout‑à‑fait con‑
damnable.

Si je tire cet exemple de l'Opera d'Atis,
n'en concluez pas je vous prie, Monſieur,
que j'approuve le choix que Quinault a fait
de ce ſujet pour en compoſer une Tragédie‑
Opera. Les Grecs, qui connoiſſoient mieux
que nous l'art de la compoſition tragique, ſe
ſont bien gardés de tirer leurs ſujets drama‑
tiques de l'hiſtoire de leurs Dieux, ils ont
ſenti que ces êtres ſuppoſés d'une eſſence
ſupérieure ceſſoient d'être reſpectables , &
par‑conſéquent intéreſſans, lorſqu'ils étoient
rabaiſſés à l'agitation humiliante des paſſions
des hommes : c'eſt pourquoi ils ne les ont
montré dans leurs piéces de Théâtre que pour
les faire venir au ſecours des mortels infor‑

tunés. Dans les cas oppofés ils ont pris le plus grand foin de les cacher, & de ne leur faire exercer leur pouvoir que par la voie des Oracles ou des prodiges, comme dans l'Iphi-génie en Aulide, dans l'Œdipe, &c.

Nous, qui ne nous prêtons qu'avec effort à la Mythologie, nous qui avons de la Divinité une idée plus épurée que celle qu'en avoient les Payens, il me femble qu'il nous eft encore moins permis qu'à eux d'intro-duire fur notre Théâtre des Divinités agitées de paffions qui les auroient rendu ridicules aux yeux même des Athéniens. Je crois donc qu'on doit s'abftenir dans la compofition de la Tragédie lyrique de traiter les fujets où les Divinités joueroient néceffairement les rôles principaux.

Du Spectacle.

La pompe & la magnificence du fpectacle contribuent certainement beaucoup à la per-fection de la Tragédie lyrique ; elles peuvent même ajoûter à l'intérêt du Poëme d'Opera , lorſqu'on a l'art de les y faire concourir ; mais on ne doit jamais oublier que ce Poëme ne ſouffre rien qui ſoit étranger à ſon ſujet principal, qui ne ſoit amené par le ſujet mê- me , ſans effort & ſans contrainte, & qu'il vaut mieux ſe paſſer de la pompe & de la magnificence du ſpectacle , ou renoncer au ſujet que l'on ſe propoſoit de traiter , que de bleſſer cette régle eſſentielle fondée ſur la néceſſité de ne pas diſtraire un ſeul moment le Spectateur de l'intérêt de l'action.

Des Fêtes, & de la Danſe.

Il faut bien diſtinguer les fêtes ſpectacles , les fêtes pantomimes des fêtes qui ont uni- quement la danſe pour objet. Il eſt telle fête où la danſe ſeroit un contre-ſens : il en eſt d'autre où elle doit être introduite. Cibelle, au premier Acte d'Atis , deſcend des Cieux pour honorer *l'aphrigie* de ſa préſence , & la combler de ſes bienfaits. Il me paroît que

c'eft un contre-fens marqué que de faire
danfer devant elle tout un peuple qui doit
paroître dans l'admiration & le refpect qu'inf-
pire la préfence de la mère des Dieux; mais
je trouve que cette fituation peut donner lieu
à une fête pantomime également pompeufe,
magnifique, & qui ajouteroit à l'intérêt. Dans
le quatrième Acte de ce même Opera, où
l'on célèbre les nôces de Sangaride, non-
feulement la danfe eft placée, mais encore
il me femble que les mœurs anciennes, dont
les nôtres ne fe font point écartées à cet
égard, exigent que la danfe y foit introduite.
Quinault n'a vraifemblablement pas fait ces
obfervations : il travailloit pour les plaifirs
d'un Roi magnifique & d'une Cour galante
qui n'étoient occupés que de danfes & d'a-
mufemens. Avant l'invention de l'Opera on
exécutoit des Ballets mêlés de chant, dont
nos Rois, les Princes, les Princeffes & toute
leur Cour étoient communément les principaux Acteurs. Quinault imagina de multi-
plier ces fêtes, toujours à la mode, en les

liant par une action générale, qui, divisée en
cinq actes, améneroit cinq différens Ballets.
Il s'occupa moins à rendre cette action vrai-
semblable & intéressante que propre à amener
des danses de différens genres, le spectacle
des décorations & celui du jeu des machines.
Cependant le succès de la Scène de Cadmus
& d'Hermione, & le talent de son Musicien,
qui possédoit supérieurement celui de la déclamation, durent faire voir à Quinault que
le Drame lyrique étoit susceptible d'intérêt.
En effet, il est aisé de remarquer dans les
compositions qui suivirent celle-ci, qu'il crut
pouvoir donner un peu plus de suite & de
liaison à son action théâtrale ; mais toujours
prévenu de son premier plan, il cherchat &
choisit des sujets qui pussent le remplir, &
se fit une loi de les faire plier à la nécessité
de produire une fête dansante par chaque
Acte, parce qu'il croyoit que la danse seule
caractérisoit une fête, & qu'il ne pouvoit pas
y avoir de fêtes sans la danse. C'est de cette
double erreur que provient, je crois, l'usage

ridicule de faire danfer à l'Opera les Eumé-
nides , les Parques , les Diables , les Magi-
ciens, la Haine , la Vengeance , & tous les
perfonnages allégoriques qui n'y peuvent être
admis qu'en fubftituant les extravagances de
l'imagination & les écarts du mauvais goût
aux Loix de la raifon & du bon fens. Les
fucceffeurs de Quinault trouvant cette fauffe
route tracée, s'en font autorifés, & ont encore
renchéri fur leur Maître , & voilà l'origine
de la perpétuité de ces danfes multipliées ,
fouvent mal amenées & difparates, & dont
l'effet eft de fufpendre l'action , d'en retarder la marche & d'en détruire l'intérêt. Ce
n'eft pas affurément que je penfe qu'on doive
bannir la danfe de la Tragédie lyrique ; elle
peut y être raifonnablement introduite, elle
peut même quelquefois concourir à l'action ;
mais ce n'eft que quand elle eft amenée néceffairement par le fujet , comme dans l'en-
chantement d'Amadis; quand le peuple in-
téreffé à l'action théâtrale , éprouve une joie
vive, il doit la faire éclater par la danfe, qui

eſt l'expreſſion naturelle de la joie du peuple;
mais hors ces ſituations ou celles ſemblables,
la danſe ne peut pas être introduite dans le
cours d'une action tragique, il faut la ré-
ſerver pour la fin du Drame, après que l'action eſt terminée par un dénouement heureux.

Si le ſujet que l'on traite demandoit d'introduire la danſe dans le cours de l'action,
je penſe qu'on ne peut être trop attentif
à la placer de manière que les actes où on
la fait entrer ne ſoient jamais terminés par
un ballet; la diſtraction que cauſe la danſe
à la fin d'un acte, jointe à celle qu'amène
néceſſairement l'entr'acte qui la ſuit, fait perdre au Spectateur le fil de l'action qu'il ne
peut plus reſſaiſir qu'avec effort, & toujours aux dépens d'une partie de l'intérêt.
Enfin quelque bien amenée que ſoit la danſe
dans le cours d'un Opera, comme ſon effet
inévitable eſt toujours de diſtraire le Spectateur de l'action principale, je crois qu'il
faut que le Poëte s'applique avec le plus
grand ſoin à interrompre ſon divertiſſement

par quelqu'événement principal, qui chan-
geant tout-à-coup la fituation des perfonnages, réveille & ranime l'attention. D'ailleurs cette interruption fera naître un con-
trafte mufical toujours d'un grand effet
s'il eft bien faifi par le Muficien.

De la Pantomime.

En parlant dans cet article de la Pantomime je ne prétends vous entretenir ,
Monfieur, que de celle propre à rendre uniquement avec le gefte dirigé par la Mufique inftrumentale les fentimens des perfonnages non exprimés par les paroles &
par le chant, ou une action dépendante &
entièrement fubordonnée à l'action principale. Quand j'aurai l'honneur de vous com-
muniquer mes obfervations fur le genre
paftoral ou galant, j'examinerai les avantages de la Pantomine employée à rendre
une action principale ou acceffoire, & ce
que j'en dirai vous prouvera fuffifamment
que celle dont je parle ici eft la feule qui

foit propre au genre tragique, & qu'on doive y employer.

Il me paroît que nos Poëtes ont peu fenti les reffources qu'ils pouvoient tirer de la Pantomime, ils l'ont prefque totalement négligée, & on en a fi peu foupçonné les effets à l'Opera, que les chefs du Spectacle n'ont pas même imaginé qu'ils devoient y former leurs fujets. Cependant fans la Pantomime, l'action qui en eft fufceptible demeure froide & fans mouvement. Sans la Pantomime il n'eft prefque pas poffible d'introduire les chœurs & de les faire agir comme perfonnages néceffaires. Sans elle les fêtes font fans intention marquée, & la danfe ne préfente qu'un méchanifme faftidieux. Les Poëtes doivent donc d'autant plus s'appliquer à tirer de la Pantomime les avantages qui lui font propres, qu'elle peut fournir au Muficien des occafions brillantes de déployer les reffources de fon art.

Du Costume.

L'Observation exacte des différens Cos-
tumes est de la plus grande importance
dans l'exécution de la Tragédie - Lyrique.
Plus le Poëte, par le genre & la nature de
son Poëme, est forcé d'être serré & concis,
plus il a besoin d'accessoires pour produire
tout l'effet qu'il doit se proposer de faire.

Chaque peuple a ses mœurs, ses cou-
tumes, son caractère propre. C'est de leur
imitation parfaite que naît la parfaite illusion d'où dépend l'intérêt. Les nuances mu-
sicales étant insuffisantes pour la produire,
cette illusion nécessaire, sans le secours des
décorations, des habits, de l'action théâtrale, &c., &c., on ne peut trop s'occu-
per de transporter le Spectateur au lieu de
la scène, & de lui montrer les personnages qu'on met en action sous les formes
qui leur sont propres.

Des Situations qui produisent la Musique imitative.

La Musique d'expression, la seule vraiement dramatique, que Scartaly, Porpora, Pergolèse, Leo, Vinfly, Hasse &c. avoient fait connoître en Italie dans une infinité de morceaux admirables, étoit à peine soupçonnée en France, quand le Chevalier Gluck qui, de l'aveu de l'Europe entière, est celui de tous les Musiciens qui a porté son art le plus loin dans cette partie, arriva à Paris. On y confondoit avant lui le récitatif, qui n'est qu'une déclamation notée avec la Musique d'expression. La Musique imitative étoit la seule dont nos Musiciens s'occupâssent, & nos poëtes ne tendoient qu'à remplir leurs poëmes de situations, & d'événemens propres à la produire. Ils croyoient avoir tout fait quand ils y étoient parvenus, & c'est ce qui nous a valu cette stérile abondance de Poëmes

d'Opéra mal tiſſus , ſans vraiſemblance &
ſans intérêt, & cette Muſique froide &
bruyante qui étourdit plus l'oreille qu'elle
ne la ſaiſit, qui en étonnant l'organe , laiſſe
l'âme entièrement vuide, & que l'habitude
peut ſeule faire ſupporter.

Vous avez ſûrement obſervé, Monſieur,
que la Muſique n'avoit pas pour l'imitation
des objets les mêmes avantages que la Pein-
ture. Que Vernet vous repréſente dans un
de ſes admirables tableaux la chûte d'un tor-
rent, un orage , &c. , &c., vous en verrez
tous les effets au naturel; rien de ce que
l'œil peut ſaiſir ne manquera à l'imitation,
le bruit ſeul vous échapera ; le Muſicien
au contraire, qui n'a que des ſons à employer,
ne peut rendre les objets que par approxi-
mation. Les éclats du tonnerre, le ſifflement
des vents, les mugiſſemens de la mer, le
chant même des oiſeaux ne ſont que du
bruit , & leur imitation produite par des
ſons eſt néceſſairement imparfaite. Ainſi plus
vous accumulerez les moyens de produire

de la Mufique imitative, plus vous four-
nirez au Muficien d'occafions de montrer
l'impuiffance de fon art ; & ce n'eft certainement pas ce que vous devez vous pro-
pofer dans un genre d'ouvrage à la per-
feĉtion duquel l'art muſical doit concourir
au moins pour moitié.

N'allez pas, je vous prie, Monfieur, d'a-
près ce que je viens de dire, conclure que
je penfe qu'il faille exclure la Mufique imitative de la Tragédie-Opera. Je crois au
contraire qu'il eft des fituations où cette
Mufique peut beaucoup ajouter à l'illufion ;
mais il faut pour cet effet que les paroles,
que les décorations, en un mot, que
tous les acceffoires réunis préviennent le
Speĉtateur de ce que le Muficien fe pro-
pofe de peindre, & contribuent à une illufion que la Mufique feule ne pourroit jamais produire que très-imparfaitement.

Un vice principal de la Mufique imitative qui doit rendre, ce me femble, très-
circonfpeĉt dans l'ufage qu'on en peut faire,
c'eft

c'eſt la reſſemblance néceſſaire des morceaux
de cette Muſique. La tempête d'un Muſicien ne ſera, à peu de choſes près, que la
tempête d'un autre &c. Il n'en eſt pas de
même de la Muſique d'expreſſion, les ſentimens & les paſſions ſe modifiant à l'in-
fini ſuivant les caractères & les ſituations :
les nuances pour les rendre ſont réellement
infinies, & le Muſicien dont l'âme ſenſible
ſaura les ſaiſir & qui aura le talent de les
rendre, ſera toujours neuf & varié. C'eſt
donc des moyens de fournir au Muſicien
toutes les reſſources, de montrer toute la
puiſſance de la Muſique d'expreſſion, que le
Poëte doit être ſans ceſſe & preſque uniquement occupé.

Je terminerai par cet article mes obſer-
vations ſur la Tragédie-Lyrique; ſi vous
daignez, Monſieur, les lire avec quelqu'attention, je crois que vous trouverez qu'elles renferment, ſinon tout ce qu'on peut
dire ſur ce ſujet, du moins à-peu-près tout
ce qu'il eſt néceſſaire d'obſerver pour com-

D

poſer un bon Opera - Tragédie : & ſi mes remarques vous font juger qu'il y a d'extrêmes difficultés à vaincre pour y parvenir, j'eſpère qu'elles vous perſuaderont du moins que ces difficultés ne ſont pas inſurmontables, & qu'un Opera-Tragédie, fait d'après les principes que j'ai avancés & qui rempliroit exactement l'idée que je m'en ſuis faite, ſeroit un ouvrage infiniment eſtimable. Mais ce ne ſera pas certainement en imitant nos Poëtes lyriques qu'on parviendra à la perfection de l'Art Tragique-Opera. Pour vous en convaincre, Monſieur, reliſez, je ne dis pas l'énorme & faſtidieux récit de nos Opera, mais ceux de ces ouvrages que l'on ne ceſſe point de nous préſenter comme des modèles à ſuivre. Armide, par exemple ; examinez ſans prévention cet Armide toujours cité comme le chef-d'œuvre des Opera, parce qu'il eſt celui de Quinault, vous trouverez le premier acte de cet ouvrage ſans mouvement ſans action, uniquement employé à une partie

de l'expofition pour laquelle une fcène de
30 Vers auroit fuffi. Vous y verrez un cer-
tain Hidraot, perfonnage tout-à-fait épifo-
dique & inutile, & qui paroît n'y avoir
été introduit, ainfi que le Divertiffement que
Quinault y a amené, que pour allonger cet
acte. Vous ferez certainement mécontent
des deux premières Scènes du 2ᵉ. Acte, dont
la première eft mortellement froide, & qui
pourroit être fupplée par 4 ou 6 Vers introduits dans le premier acte, & dont la feconde ne femble avoir été faite que pour
faire annoncer au Spectateur par Armide
& par Hidraot que l'action alloit bientôt
commencer. Mais combien ne vous paroîtra pas plus ridicule & plus déplacée l'arrivée de ces Nymphes & de ces Bergers que
Quinault, fans raifon & fans motif, fait chanter
& danfer autour de Regnaud profondément
endormi, & qui ne peut ni les voir ni les
entendre. Il eft vrai que l'arrivée d'Armide
dédommage bien du faftidieux rempliffage
qui l'a précédée. Rien n'eft mieux fait,

D ij

rien n'eft plus fublime, rien n'eft plus véritablement tragique que cette fcène de
Renaud endormi & d'Armide le poignard
à la main. Jamais action dramatique n'a
commencé avec tant de chaleur, je dis *n'a*
commence, car vous voudrez bien obferver,
Monfieur, que la véritable action, celle
produite par le fujet, ne commence en effet
que par cette fcène. On croiroit que Quinault impatient de la preffer (fon action)
va la faire marcher avec la plus grande
rapidité; mais bien loin de-là il la fufpend,
il l'arrête même pour fournir deux actes
d'un froid mortel. Le 3e. tout-à-fait épifo-
dique & inutile, rempli par une allégorie,
ingénieufe à la vérité, mais déplacée &
pour Armide qui vaincue par l'Amour ne
doit pas quitter Renaud, & pour le Spectateur impatient de revoir enfemble les deux
Amans, & le 4e. acte que les enthoufiaftes
de Quinault n'ont pas même ofé entrepren-
dre de juftifier. Quinault reprend enfin fon
action fufpendue à la première fcène du 5e

acte. Toute la compofition de cet acte eft admirable. C'eft ici, c'eft dans ce dernier morceau que Quinault a fait pour le théâtre qu'il fe montre un Poëte véritablement Tragico-Lyrique, à quelques Vers près dont le fentiment n'eft peut-être pas exactement pris dans la nature. Quinault dans tout cet Acte eft fublime; mais il ne réfulte pas moins de cet examen, que l'action de ce Poëme dont le fujet ne comportoit tout au plus que trois actes, eft ralentie & même interrompue par deux actes qui lui font étrangers prefqu'entièrement, & qu'une partie du premier & du fecond acte y eft encore inutile & devroit en être retranchée. Mais Quinault vouloit à quelque prix que ce fût, même aux dépens du bon fens, que fon Opera eût cinq actes, & y faire entrer cinq Divertiffemens.

Si je me fuis permis, Monfieur, cet effai de critique de l'Opera d'Armide, n'allez pas croire pour cela, je vous prie, que j'en fois moins l'admirateur de Quinault. Je

fens peut-être mieux que perfonne tout le
mérite de ce Poëte; mais j'ai cru devoir
vous prévenir contre le préjugé trop gé-
néralement reçu, & qui a en quelque forte
confacré des défauts qui n'ont été que trop
bien imités, malgré les juftes réclamations
des Boileau, des Racine & de tous les grands
hommes du fiècle dernier, qui en rendant
certainement à Quinault toute la juftice
qui lui étoit due comme Poëte, en faifoient
très-peu de cas comme Auteur dramatique.

Je prendrai la liberté de vous le répéter
encore, Monfieur, fi vous voulez compofer
un bon Opera-Tragédie, ce font les Grecs
qu'il vous faut étudier, ce font eux que vous
devez prendre pour modèles. Voyez le fuccès
d'Iphigénie en Aulide, c'eft en fuivant Euripide autant que la différence des tems &
des théâtres pouvoit le permettre, que fon
Auteur, avec beaucoup plus de goût que de
talens & d'efprit, eft parvenu à nous donner la Tragédie-Lyrique la moins défec-
tueufe qui ait encore paru fur notre théâtre.

Mais combien ne manque-t-il pas de chofes à cet ouvrage pour en faire un Opera-Tra-gédie, tel qu'on peut le concevoir, d'après les obfervations que je viens de vous com-muniquer?

Je finirai ici cette Lettre, déjà trop lon-gue, quoique les matières n'y foient pour ainfi dire qu'effleurées, & je réferverai pour une feconde à vous entretenir des deux au-tres genres de Drames-Lyriques, le Paf-toral & le Bouffon.

J'ai l'honneur d'être, Monfieur, &c.

F I N.